10655247R10062

Made in the USA
San Bernardino, CA
01 December 2018